SUBTRACTION 3 DIGITS
Book Math Essentials

Children's Arithmetic Books

All Rights reserved. No part of this book may be reproduced or used in any way or form or by any means whether electronic or mechanical, this means that you cannot record or photocopy any material ideas or tips that are provided in this book.

Copyright 2016

SUBTRACTION EXERCISES

EXERCISE NO. 1

1.) 512 - 253 = _____

2.) 431 - 170 = _____

3.) 909 - 290 = _____

4.) 663 - 231 = _____

5.) 659 - 254 = _____

6.) 665 - 122 = _____

7.) 997 - 170 = _____

8.) 961 - 246 = _____

9.) 862 - 166 = _____

10.) 670 - 200 = _____

EXERCISE NO. 2

1.) 912 - 234 = _____

2.) 581 - 264 = _____

3.) 554 - 223 = _____

4.) 517 - 103 = _____

5.) 368 - 152 = _____

6.) 441 - 100 = _____

7.) 783 - 194 = _____

8.) 335 - 174 = _____

9.) 684 - 174 = _____

10.) 893 - 121 = _____

EXERCISE NO. 3

1.) 694 - 187 =

2.) 823 - 108 =

3.) 705 - 160 =

4.) 523 - 147 =

5.) 673 - 251 =

6.) 330 - 194 =

7.) 943 - 122 =

8.) 300 - 155 =

9.) 429 - 229 =

10.) 719 - 165 =

EXERCISE NO. 4

1.) 312   -   214   =

2.) 630   -   106   =

3.) 499   -   253   =

4.) 390   -   108   =

5.) 447   -   221   =

6.) 986   -   176   =

7.) 490   -   158   =

8.) 326   -   210   =

9.) 789   -   121   =

10.) 327   -   213   =

EXERCISE NO. 5

1.) 515 - 145 = _____

2.) 535 - 290 = _____

3.) 579 - 220 = _____

4.) 970 - 228 = _____

5.) 790 - 235 = _____

6.) 792 - 115 = _____

7.) 895 - 288 = _____

8.) 974 - 141 = _____

9.) 358 - 201 = _____

10.) 781 - 132 = _____

EXERCISE NO. 6

1.) 435 - 137 = _____

2.) 370 - 104 = _____

3.) 779 - 217 = _____

4.) 572 - 124 = _____

5.) 354 - 204 = _____

6.) 366 - 162 = _____

7.) 953 - 172 = _____

8.) 895 - 186 = _____

9.) 978 - 108 = _____

10.) 818 - 252 = _____

EXERCISE NO. 7

1.) 914 - 183 =

2.) 690 - 252 =

3.) 707 - 243 =

4.) 560 - 173 =

5.) 344 - 122 =

6.) 479 - 231 =

7.) 922 - 195 =

8.) 324 - 197 =

9.) 556 - 122 =

10.) 917 - 275 =

EXERCISE NO. 8

1.) 486 - 265 = _____

2.) 912 - 126 = _____

3.) 596 - 178 = _____

4.) 475 - 240 = _____

5.) 995 - 275 = _____

6.) 513 - 281 = _____

7.) 825 - 232 = _____

8.) 365 - 123 = _____

9.) 781 - 298 = _____

10.) 739 - 164 = _____

EXERCISE NO. 9

1.) 703 - 111 = _____

2.) 978 - 222 = _____

3.) 841 - 260 = _____

4.) 986 - 171 = _____

5.) 613 - 161 = _____

6.) 757 - 211 = _____

7.) 329 - 269 = _____

8.) 681 - 291 = _____

9.) 878 - 190 = _____

10.) 665 - 140 = _____

EXERCISE NO. 10

1.) 469 - 142 = _____

2.) 343 - 187 = _____

3.) 840 - 264 = _____

4.) 574 - 272 = _____

5.) 683 - 253 = _____

6.) 361 - 203 = _____

7.) 838 - 271 = _____

8.) 674 - 268 = _____

9.) 380 - 179 = _____

10.) 604 - 236 = _____

EXERCISE NO. 11

1.) 440 - 283 =

2.) 811 - 259 =

3.) 601 - 211 =

4.) 958 - 235 =

5.) 622 - 187 =

6.) 490 - 107 =

7.) 727 - 183 =

8.) 798 - 220 =

9.) 832 - 171 =

10.) 938 - 119 =

EXERCISE NO. 12

1.) 730 - 216 = _____
2.) 365 - 226 = _____
3.) 472 - 171 = _____
4.) 541 - 198 = _____
5.) 441 - 181 = _____
6.) 742 - 299 = _____
7.) 835 - 213 = _____
8.) 481 - 123 = _____
9.) 898 - 242 = _____
10.) 829 - 173 = _____

EXERCISE NO. 13

1.) 673 - 247 = _____

2.) 372 - 286 = _____

3.) 839 - 103 = _____

4.) 804 - 249 = _____

5.) 981 - 226 = _____

6.) 922 - 121 = _____

7.) 449 - 185 = _____

8.) 983 - 241 = _____

9.) 819 - 247 = _____

10.) 883 - 100 = _____

EXERCISE NO. 14

1.) 758 - 212 = _____

2.) 368 - 167 = _____

3.) 348 - 181 = _____

4.) 538 - 274 = _____

5.) 474 - 188 = _____

6.) 986 - 123 = _____

7.) 525 - 262 = _____

8.) 727 - 103 = _____

9.) 732 - 201 = _____

10.) 850 - 242 = _____

EXERCISE NO. 15

1.) 410 - 133 = _____

2.) 995 - 165 = _____

3.) 382 - 120 = _____

4.) 538 - 255 = _____

5.) 664 - 252 = _____

6.) 899 - 174 = _____

7.) 306 - 112 = _____

8.) 503 - 135 = _____

9.) 461 - 171 = _____

10.) 845 - 237 = _____

EXERCISE NO. 16

1.) 352 - 145 = _____

2.) 844 - 176 = _____

3.) 840 - 150 = _____

4.) 320 - 101 = _____

5.) 572 - 188 = _____

6.) 575 - 280 = _____

7.) 608 - 293 = _____

8.) 621 - 129 = _____

9.) 579 - 160 = _____

10.) 723 - 289 = _____

EXERCISE NO. 17

1.) 873 - 298 = _____

2.) 959 - 249 = _____

3.) 774 - 147 = _____

4.) 995 - 223 = _____

5.) 932 - 105 = _____

6.) 866 - 137 = _____

7.) 643 - 238 = _____

8.) 919 - 247 = _____

9.) 718 - 154 = _____

10.) 510 - 218 = _____

EXERCISE NO. 18

1.) 526 - 297 = _____

2.) 385 - 283 = _____

3.) 625 - 114 = _____

4.) 891 - 163 = _____

5.) 361 - 106 = _____

6.) 422 - 131 = _____

7.) 364 - 191 = _____

8.) 810 - 127 = _____

9.) 340 - 193 = _____

10.) 513 - 264 = _____

EXERCISE NO. 19

1.) 528 - 257 = _____

2.) 620 - 111 = _____

3.) 958 - 151 = _____

4.) 568 - 221 = _____

5.) 644 - 160 = _____

6.) 530 - 129 = _____

7.) 437 - 158 = _____

8.) 906 - 145 = _____

9.) 630 - 230 = _____

10.) 786 - 191 = _____

EXERCISE NO. 20

1.) 493 - 212 = _____

2.) 325 - 276 = _____

3.) 375 - 291 = _____

4.) 763 - 138 = _____

5.) 840 - 101 = _____

6.) 711 - 228 = _____

7.) 955 - 237 = _____

8.) 978 - 285 = _____

9.) 814 - 236 = _____

10.) 855 - 202 = _____

EXERCISE NO. 21

1.) 802 - 219 = _____
2.) 945 - 173 = _____
3.) 421 - 248 = _____
4.) 664 - 147 = _____
5.) 505 - 188 = _____
6.) 648 - 163 = _____
7.) 808 - 135 = _____
8.) 573 - 172 = _____
9.) 985 - 136 = _____
10.) 530 - 264 = _____

EXERCISE NO. 22

1.) 628 - 266 = _____
2.) 725 - 239 = _____
3.) 458 - 212 = _____
4.) 515 - 255 = _____
5.) 959 - 137 = _____
6.) 776 - 225 = _____
7.) 699 - 273 = _____
8.) 563 - 251 = _____
9.) 801 - 262 = _____
10.) 404 - 144 = _____

EXERCISE NO. 23

1.) 939 − 164 =

2.) 494 − 176 =

3.) 763 − 171 =

4.) 919 − 126 =

5.) 542 − 211 =

6.) 791 − 150 =

7.) 856 − 187 =

8.) 936 − 121 =

9.) 359 − 263 =

10.) 728 − 284 =

EXERCISE NO. 24

1.) 943 - 105 =

2.) 955 - 246 =

3.) 891 - 279 =

4.) 685 - 251 =

5.) 896 - 199 =

6.) 553 - 139 =

7.) 679 - 134 =

8.) 836 - 115 =

9.) 790 - 110 =

10.) 859 - 134 =

EXERCISE NO. 25

1.) 614 - 268 = _____
2.) 558 - 201 = _____
3.) 883 - 276 = _____
4.) 726 - 273 = _____
5.) 831 - 123 = _____
6.) 489 - 203 = _____
7.) 561 - 134 = _____
8.) 711 - 211 = _____
9.) 715 - 187 = _____
10.) 895 - 161 = _____

EXERCISE NO. 26

1.) 558   -   121   =   _____

2.) 623   -   260   =   _____

3.) 362   -   108   =   _____

4.) 905   -   153   =   _____

5.) 818   -   234   =   _____

6.) 572   -   276   =   _____

7.) 754   -   137   =   _____

8.) 676   -   103   =   _____

9.) 578   -   228   =   _____

10.) 473   -   212   =   _____

EXERCISE NO. 27

1.) 792 - 215 = _____

2.) 810 - 117 = _____

3.) 843 - 123 = _____

4.) 796 - 231 = _____

5.) 548 - 260 = _____

6.) 957 - 282 = _____

7.) 905 - 189 = _____

8.) 555 - 103 = _____

9.) 685 - 219 = _____

10.) 338 - 187 = _____

EXERCISE NO. 28

1.) 484 - 278 = _____
2.) 980 - 112 = _____
3.) 320 - 170 = _____
4.) 842 - 159 = _____
5.) 503 - 204 = _____
6.) 874 - 267 = _____
7.) 983 - 251 = _____
8.) 790 - 295 = _____
9.) 923 - 297 = _____
10.) 427 - 277 = _____

EXERCISE NO. 29

1.) 784 - 130 = _____

2.) 345 - 131 = _____

3.) 504 - 124 = _____

4.) 771 - 274 = _____

5.) 885 - 104 = _____

6.) 417 - 110 = _____

7.) 592 - 224 = _____

8.) 635 - 102 = _____

9.) 827 - 212 = _____

10.) 555 - 289 = _____

EXERCISE NO. 30

1.) 790 - 274 = _____
2.) 415 - 185 = _____
3.) 422 - 256 = _____
4.) 538 - 108 = _____
5.) 513 - 104 = _____
6.) 845 - 253 = _____
7.) 522 - 150 = _____
8.) 389 - 178 = _____
9.) 882 - 297 = _____
10.) 597 - 175 = _____

EXERCISE NO. 31

1.) 350 - 206 =

2.) 404 - 259 =

3.) 555 - 122 =

4.) 869 - 235 =

5.) 937 - 270 =

6.) 695 - 110 =

7.) 689 - 247 =

8.) 318 - 192 =

9.) 690 - 240 =

10.) 807 - 245 =

EXERCISE NO. 32

1.) 316 - 230 =
2.) 730 - 148 =
3.) 335 - 189 =
4.) 426 - 143 =
5.) 516 - 120 =
6.) 948 - 152 =
7.) 426 - 282 =
8.) 718 - 249 =
9.) 830 - 115 =
10.) 697 - 232 =

ANSWERS

Exercise No. 1.	Exercise No. 2.	Exercise No. 3.	Exercise No. 4.
1.) 259	1.) 678	1.) 507	1.) 98
2.) 261	2.) 317	2.) 715	2.) 524
3.) 619	3.) 331	3.) 545	3.) 246
4.) 432	4.) 414	4.) 376	4.) 282
5.) 405	5.) 216	5.) 422	5.) 226
6.) 543	6.) 341	6.) 136	6.) 810
7.) 827	7.) 589	7.) 821	7.) 332
8.) 715	8.) 161	8.) 145	8.) 116
9.) 696	9.) 510	9.) 200	9.) 668
10.) 470	10.) 772	10.) 554	10.) 114

Exercise No. 5.	Exercise No. 6.	Exercise No. 7.	Exercise No. 8.
1.) 370	1.) 298	1.) 731	1.) 221
2.) 245	2.) 266	2.) 438	2.) 786
3.) 359	3.) 562	3.) 464	3.) 418
4.) 742	4.) 448	4.) 387	4.) 235
5.) 555	5.) 150	5.) 222	5.) 720
6.) 677	6.) 204	6.) 248	6.) 232
7.) 607	7.) 781	7.) 727	7.) 593
8.) 833	8.) 709	8.) 127	8.) 242
9.) 157	9.) 870	9.) 434	9.) 483
10.) 649	10.) 566	10.) 642	10.) 575

Exercise No. 9.
1.) 592
2.) 756
3.) 581
4.) 815
5.) 452
6.) 546
7.) 60
8.) 390
9.) 688
10.) 525

Exercise No. 10.
1.) 327
2.) 156
3.) 576
4.) 302
5.) 430
6.) 158
7.) 567
8.) 406
9.) 201
10.) 368

Exercise No. 11.
1.) 157
2.) 552
3.) 390
4.) 723
5.) 435
6.) 383
7.) 544
8.) 578
9.) 661
10.) 819

Exercise No. 12.
1.) 514
2.) 139
3.) 301
4.) 343
5.) 260
6.) 443
7.) 622
8.) 358
9.) 656
10.) 656

Exercise No. 13.
1.) 426
2.) 86
3.) 736
4.) 555
5.) 755
6.) 801
7.) 264
8.) 742
9.) 572
10.) 783

Exercise No. 14.
1.) 546
2.) 201
3.) 167
4.) 264
5.) 286
6.) 863
7.) 263
8.) 624
9.) 531
10.) 608

Exercise No. 15.
1.) 277
2.) 830
3.) 262
4.) 283
5.) 412
6.) 725
7.) 194
8.) 368
9.) 290
10.) 608

Exercise No. 16.
1.) 207
2.) 668
3.) 690
4.) 219
5.) 384
6.) 295
7.) 315
8.) 492
9.) 419
10.) 434

Exercise No. 17.
1.) 575
2.) 710
3.) 627
4.) 772
5.) 827
6.) 729
7.) 405
8.) 672
9.) 564
10.) 292

Exercise No. 18.
1.) 229
2.) 102
3.) 511
4.) 728
5.) 255
6.) 291
7.) 173
8.) 683
9.) 147
10.) 249

Exercise No. 19.
1.) 271
2.) 509
3.) 807
4.) 347
5.) 484
6.) 401
7.) 279
8.) 761
9.) 400
10.) 595

Exercise No. 20.
1.) 281
2.) 49
3.) 84
4.) 625
5.) 739
6.) 483
7.) 718
8.) 693
9.) 578
10.) 653

Exercise No. 21.
1.) 583
2.) 772
3.) 173
4.) 517
5.) 317
6.) 485
7.) 673
8.) 401
9.) 849
10.) 266

Exercise No. 22.
1.) 362
2.) 486
3.) 246
4.) 260
5.) 822
6.) 551
7.) 426
8.) 312
9.) 539
10.) 260

Exercise No. 23.
1.) 775
2.) 318
3.) 592
4.) 793
5.) 331
6.) 641
7.) 669
8.) 815
9.) 96
10.) 444

Exercise No. 24.
1.) 838
2.) 709
3.) 612
4.) 434
5.) 697
6.) 414
7.) 545
8.) 721
9.) 680
10.) 725

Exercise No. 25.
1.) 346
2.) 357
3.) 607
4.) 453
5.) 708
6.) 286
7.) 427
8.) 500
9.) 528
10.) 734

Exercise No. 26.
1.) 437
2.) 363
3.) 254
4.) 752
5.) 584
6.) 296
7.) 617
8.) 573
9.) 350
10.) 261

Exercise No. 27.
1.) 577
2.) 693
3.) 720
4.) 565
5.) 288
6.) 675
7.) 716
8.) 452
9.) 466
10.) 151

Exercise No. 28.
1.) 206
2.) 868
3.) 150
4.) 683
5.) 299
6.) 607
7.) 732
8.) 495
9.) 626
10.) 150

Exercise No. 29.
1.) 654
2.) 214
3.) 380
4.) 497
5.) 781
6.) 307
7.) 368
8.) 533
9.) 615
10.) 266

Exercise No. 30.
1.) 516
2.) 230
3.) 166
4.) 430
5.) 409
6.) 592
7.) 372
8.) 211
9.) 585
10.) 422

Exercise No. 31.
1.) 144
2.) 145
3.) 433
4.) 634
5.) 667
6.) 585
7.) 442
8.) 126
9.) 450
10.) 562

Exercise No. 32.
1.) 86
2.) 582
3.) 146
4.) 283
5.) 396
6.) 796
7.) 144
8.) 469
9.) 715
10.) 465